To my father C.J.

성읍을 돌아다니는 야경꾼들이 나를 보았네.
"내가 사랑하는 이를 보셨나요?"
그들을 지나치자마자 나는 내가 사랑하는 이를 찾았네.

[아가서 3,3-4]

Christmas in July
나 귀 와 구 유

에스오에스(SongOfSongs) 지음
헤븐온어스(HeavenOnEarth) 펴냄

차례

들어가며	9
길라잡이	13
Prologue	17
[Chapter 1] 동행	23
[Chapter 2] 선택	67
[Chapter 3] 사랑	123
Epilogue	179
나가며	183

들어가며

책 제목 'Christmas in July'는 반드시 7월의 계절적 의미에만 국한되지 않는다. 7월은 모두가 바쁜 일상으로 돌아가 그리스도의 신비를 특별히 기념하지 않는 혹은 우리 삶에서 예수라는 존재가 잠시 잊힌 시기를 상징적으로 표현하였다.

성탄은 넓은 의미에서 새로운 생명의 탄생이다. 평범한 일상에서 일어난 어떠한 일이 새로운 생명과도 같은 특별한 의미가 되었다면, 그날이 바로 그 사람에게는 성탄일 것이다. 이러한 우리들 삶 안에서의 성탄으로 독자들을 초대한다.

아기 예수의 탄생 현장에는 마리아와 요셉, 동방박사들 외에 다른 조연들이 있었다. 같은 장소에 있었지만, 그들은 자신들이 주연인 눈으로 그 장면을 바라보았고, 서로 다른 이야기를 지니고 있었을 것이다. 이 책은 나귀와 구유의 시점으로 전개된다. 그들의 이야기를 통해 독자들의 삶에서 잊힌 그러나 특별했던 'Christmas in July'가 새롭게 탄생하길 갈망한다.

책의 내용은 예수 탄생 일화를 배경으로 하지만, 종교적 해석과는 무관한 순수 창작물이며 성경에 기록된 이야기들의 보편성에 가치를 두었다.

이 책이 독자들에게 전하고자 하는 궁극적 메시지는 '사랑'이다. 책에는 세 개의 서로 다른 형태의 사랑이 있다. 이들의 사례를 통해 각자 사랑의 방식을 재조명해 보고, 책 속 주인공들처럼 어떠한 위기 상황에서도 끝내는 아기 예수를 탄생시킬 수 있기를 바란다.

아직도 화려한 옷을 벗지 못하고 망설이는 나귀들에게는 '용기'를, 아기를 품에 안지 못한 구유들에게는 '위로'를, 자신의 탄생이 불행하다고 생각하는 아기 예수들에게는 '축복'을, 그리고 각자 자신들만의 이야기로 아기 예수를 탄생시킨 이 세상 모든 부모님께 '감사'를 드린다.

2023년 7월
에스오에스(SongOfSongs)

길라잡이

이 책은 등장인물들과 내용 전개에 대한 상황설명을 중심으로 쓰였으며, 독자가 함께 참여하여 살을 붙여 완성하는 형태로 구성되었다. 책 속의 주어진 상황에서 각자의 느낌 등을 자유롭게 표현할 수 있도록 독자 고유의 상상력을 방해하는 특정 그림이나 이미지를 삽입하지 않았으며 여백을 많이 두었다. 책을 서로 다른 방식으로 세 번 읽기를 권장한다.

첫 번째, 텍스트를 있는 그대로 줄거리 중심으로 읽는 것이다.

두 번째, 책을 읽으며 떠오르는 생각이나 감정, 시각적인 요소 등을 해당 페이지의 여백 혹은 별지에 다양한 방식으로 표현하며 이야기에 참여한다. 이들 방식에는 자연환경, 공간, 인물 등에 대한 묘사를 비롯하여, 대화, 내 생각, 과거의 기억, 떠오르는 단어들, 그림그리기 등이 있다. 예를 들어, 남자와 여자가 여행하는 모습을 그림으로 그려보거나, 두 사람의 대화 내용을 적어보자. 아기를 낳는 장면에서 등장인물이 되어 직접 참여해 보는 것도 유익하겠다. 페이지 여백을 빈 곳으로 남겨놓는 것 또한 독자의 자율에 맡긴다.

본문 각 페이지 사이에 생각해 볼 수 있는 다양한 이슈들이 제시되어 있다. 이는 온전히 독자의 상상력과 표현을 돕기 위한 것으로써 반드시 이 가이드라인을 따라야 하는 것은 아니다.

세 번째, 책에서 주어진 줄거리와 독자가 작성한 내용들을 합하여 완성된 책을 다시 처음부터 끝까지 읽는다.

이렇게 완성된 책은 다양한 방법으로 활용될 수 있다.

가장 먼저는, 자기 자신에게 주는 선물이다. 우리가 모두 아는 12월의 성탄이어도 좋고, 어떤 특정 기념일을 염두에 두고 일정 기간 천천히 책을 완성해 가는 것은 자기 내면과 대화를 하는 뜻깊은 여정이 될 것이다. 그러나 어느 시기이건 책을 완성한 날이 독자에게는 성탄임을 잊지 말자.

또 다른 활용 방법은, 완성된 책을 다른 사람에게 선물하는 것이다. 책에서 제시한 스토리와 상황설정은 독자들에 의해 새로운 창작물로 탄생한다. 통상적으로 우리는 내가 감명 깊게 읽은 책이나 상대방에게 도움이 될 만한 책을 선물한다. 독자의 고유한 표현과 관찰이 담긴 책은 받는 사람이 주는 사람에 대한 더 깊은 이해를 가능케 한다. 새로운 관계의 시작이자, 두 사람이 함께 나누는 성탄이다.

마지막으로, 책의 공유범위를 1인, 2인에서 공동체로 확대해 나가는 것이다. 가족, 친구, 직장동료, 지인들과 함께 책을 공유하고 각자 다르게 완성된 책을 가지고 나눔을 해보자. 같은 상황의 스토리 전개에 있어 서로가 어떻게 다른 시각으로 보고, 느끼고, 표현하는지를 통해 다름과 같음, 다양함과 유일함을 발견하게 된다. 이렇게 하여 나와 너, 우리의 새로운 관계가 탄생한다.

이 책을 다 완성했을 때 일상의 'Christmas in July'는 이미 아주 특별한 'Christmas in December'로 변화되어 있을 것이다.

[그룹 토의 및 기타 문의]
s.o.s.0822@daum.net

Prologue

프롤로그

아기 예수가 태어나는 데 어떠한 역할들이 필요할까요?

마리아,
요셉,
마구간,
구유,
동방박사들,
포대기,
마구간 동물들, ...

그리고 성경에 기록되지 않은 당신이 생각하는 그 무엇들을 적어봅시다.
이들 중 당신의 역할은 무엇입니까?
하나를 선택하고 그 역할이 되어
책의 주인공들과 함께 여행을 시작해 볼까요?

CHRISTMAS IN JULY—나귀와구유

21

[Chapter 1]
동 행

그는 자기와 약혼한 마리아와 함께 호적 등록을 하러 갔는데,
마리아는 임신 중이었다.

[루카 2,5]

남자와 여자

한여름 뜨거운 태양 아래 두 남녀가 서 있습니다. 그들은 새로운 땅에서 새로운 삶을 시작하기 위해 이웃 나라 이집트에서 땅을 무료로 보급하는 경주가 열린다는 소식을 듣고 떠날 채비를 하고 있습니다.

그런데 여자는 홑몸이 아닙니다. 이미 만삭이라 힘든 여행을 하기에는 위험해 보입니다. 여자를 무척 사랑한 남자는 자신이 혼자 가서 좋은 땅을 구해놓고 데리러 오겠다 합니다. 하지만 남자를 무척 사랑한 여자는 땅을 구하는 일도 아기를 낳는 일도 두 사람 인생에 가장 중요한 순간인데 함께 해야 한다며 같이 떠날 것을 고집합니다.

이 책을 읽기 시작하는 당신의
마음은 어떠합니까?

사랑하는 사람에 대한 당신의
우선순위는 무엇입니까?
서로 의견이 다를 때 어떻게 하나요?

남자는 하느님을 섬기는 사람이었고 만삭의 몸으로 함께 먼 길을 떠난 마리아와 요셉의 이야기를 떠올리며 자신들의 길도 하느님이 지켜주실 것이라는 믿음으로 여자의 말을 받아들입니다. 두 사람은 요셉과 마리아만큼이나 서로를 사랑하였습니다.

걱정으로 가득했던 그들의 마음은 이내 앞으로 펼쳐질 모험에 대한 기대로 바뀝니다. 남자는 요셉과 마리아의 교훈을 생각하며, 혹시 마구간에서 아기를 낳게 될까 봐 목적지 근처의 여관들을 미리 알아둡니다. 자신의 철저한 준비에 여자가 기뻐할 것을 생각하니 마음이 뿌듯합니다.

당신이 두 남녀라면 마리아와
요셉의 교훈에서 무엇을
준비하겠습니까?

남자와 나귀

남자는 경주에 필요한 말을 구하기 위해 읍내로 나갑니다. 그런데 이미 좋은 말들은 다 나가버리고 몸집이 작은 나귀 한 마리만 남아있습니다.

예수님이 예루살렘에 입성할 때 탔던 나귀라고 주인은 자랑합니다. 나귀는 화려한 장식을 한 옷을 입고 있습니다. 예수님을 태우고 다닌 나귀라고 찾는 사람들이 많아 아직도 그 장식을 하고 다닌다고 합니다. 그때부터 나귀는 짐을 나르는 나귀가 아니라 사람을 태우고 다니는 나귀가 되었습니다.

선택의 여지가 없을 때 당신은
어떻게 합니까?

작지만 화려한 옷을 입은 나귀의
모습에서 무엇이 느껴지나요?

CHRISTMAS IN JULY—나귀와구유

남자는 경주에 쓸 말을 구하지는 못했지만, 만삭인 여자를 태우고 가기에는 안성맞춤이라는 생각으로 나귀를 집으로 데리고 옵니다. 여자는 나귀를 보자마자 자신도 똑같은 생각을 하였다며 기뻐합니다. 남자는 이렇게 자신을 이해해 주는 여자를 더욱 사랑하게 되었고 여행에 대한 자신감마저 생겼습니다.

나귀를 데리고 여자에게로 가는
남자와 나귀를 보고 기뻐하는 여자
서로의 마음은 무엇일까요?

당신은 자신의 판단을 조건 없이
지지받아 본 적이 있습니까?

남자와 여자, 나귀, 그리고 산파

남자와 여자, 그리고 예수님을 태우고 다녔던 나귀는 새로운 땅을 향해 여행을 떠납니다. 그런데 여자는 누군가를 기다리는 눈치입니다. 저 멀리 언덕 너머로 한 여인이 물건들을 잔뜩 짊어지고 힘겹게 걸어오고 있습니다.

남자는 여자가 안전한 곳에서 출산할 수 있도록 여관을 미리 알아봐 두는 준비를 했고 여자는 어디에서 아기를 낳을지 모르는 만일을 대비해 산파의 동행을 준비했습니다.

만일 당신이 남자라면 자신과
상의하지 않고 갑자기 여행 당일
산파가 나타났을 때 어떻게 하나요?

이쯤 되면 마구간이 아니라 길 위에서 아기를 낳아도 문제가 없겠습니다. 두 사람의 여행은 완벽하게 준비된 듯합니다. 남자가 나귀를 데려온 것은 천만다행한 일이었습니다. 여자는 이리도 자신의 계획을 미리 알고 준비해 준 남자가 너무나 믿음직하고 안심이 됩니다.

나귀의 화려한 옷은 산파가 가져온 온갖 출산 준비물들로 가려져 버리고 남자는 나귀의 엉덩이를 한 대 때리며 길을 재촉합니다. 나귀는 참으로 오랜만에 짐을 지고 갑니다.

우리는 출발하기 전 등장인물들에
대해 어떤 정보를 얻었습니까?

이들과 함께 여행하는 당신의
각오는 무엇입니까?

CHRISTMAS IN JULY—나귀와구유

나귀와 예수

남자와 여자는 길을 떠나며 마리아와 요셉 이야기를 합니다. 자신들의 아기는 어디서 태어날지 기대에 가득 차 있습니다. 나귀는 이들의 대화를 들으며 누군가를 떠올립니다. 나귀도 이렇게 남자와 여자처럼 다정하게 대화를 나누던 친구가 있었습니다.

그 친구와 나귀는 줄곧 예수님에 관해 이야기했습니다. 나귀는 예수님을 등에 태우고 예루살렘을 들어가던 순간을 아직도 생생히 기억합니다. 몸집은 작지만, 힘이 셌던 나귀를 사람들은 알지 못했고 눈에 잘 띄지도 않아 항상 마구간에 혼자 남아 있곤 했습니다. 그러던 어느 날 예수님께서 그를 찾아오신 것입니다.

당신은 타인의 이야기를 들으며
그들의 이야기에만 집중하나요,
아니면 자신의 이야기와
연결합니까?

당신에게 인생을 바꾸어 놓을 만한
강렬한 만남은 누구였습니까?
당신은 그때를 어떻게 기억하고
있나요?

CHAPTER 1—동행

CHRISTMAS IN JULY—나귀와 구유

그리고 어떤 이가 와서 나귀의 등에 화려한 장식을 한 옷을 입혔습니다. 나귀의 작은 몸집은 화려한 옷으로 가려졌습니다. 예수님을 태우고 나가자, 거리의 사람들이 모두 그를 향해 함성을 지르며 환호하였습니다.

나귀는 그날의 감격을 잊을 수 없습니다. 마치 그 소리가 자신을 향한 것처럼 들렸고, 가슴이 뛰기 시작했습니다. 등에 탄 예수님의 얼굴을 볼 수는 없었지만, 사람들의 반응에서 그분을 알 수 있었습니다.

나귀는 이런 날이 올 것을 미리
준비하고 있었을까요?

당신은 어떠합니까?

CHAPTER 1—동행

나귀는 한 번도 자신을 귀한 존재로 생각해 본 적이 없었습니다. 예수님을 태우고 다니면서 사람들의 주목을 받게 되었고 보잘것없던 존재에서 이렇게 훌륭한 대접을 받는 것이 꿈만 같았습니다. 나귀는 온 힘을 다해 예수님을 태우고 다녔고 예수님을 진심으로 사랑하게 되었습니다.

예수님을 만난 이후 나귀의 위상은 달라졌습니다. 많은 사람이 그를 알아보기 시작했습니다. 하지만 예수님이 떠난 후 나귀의 마음은 공허했고 언젠가는 예수님을 다시 만날 수 있을 거라는 생각으로 힘들고 고독한 시간을 견디며 사람들을 태우고 다녔습니다.

예수님은 실제로 나귀를 어떻게
대했을까요?

나귀에게 예수님은 어떤
존재입니까?

지금 나귀는 수다쟁이 만삭의 여인을 태우고 온갖 짐들로 화려한 옷이 가려진 채 어디론가 가고 있습니다. 거리에서 환호하는 이들도 자신을 향해 손을 흔드는 이도 없습니다. 게다가 함께 걷는 이들은 예수님을 태우고 다닌 나귀에게는 아무런 관심도 없습니다. 그들에게 나귀는 그저 짐꾼일 뿐입니다.

나귀는 이 여행이 그리 신이 나는 것
같지 않아 보입니다. 그에게 말을
걸어봐 줄 수 있을까요?

CHRISTMAS IN JULY—나귀와 구유

[Chapter 2]
선 택

여관에는 그들이 들어갈 자리가 없었다.

[루카 2,7]

남자와 여자, 산파와 나귀

남자와 여자, 산파와 나귀 일행은 무사히 목적지에 가까운 어느 마을에 도착합니다. 남자는 자신이 미리 알아둔 여관을 찾아갑니다. 그런데 이곳에서 순탄하던 여행에 작은 변수가 발생합니다. 땅 배분 경주를 위해 곳곳에서 밀려든 사람들이 데려온 말들로 마구간이 다 차버려 나귀가 묵을 곳이 없게 된 것입니다.

남자와 여자는 매우 난감합니다. 무거운 짐을 지고 온 나귀를 혼자 바깥에서 밤을 지내게 할 수는 없는 노릇입니다. 마리아와 요셉이라면 어떻게 했을지 곰곰이 생각해 봅니다. 결국 그들은 나귀가 묵을 마구간이 있는 여관을 찾아 나섭니다.

당신은 이 선택에 공감합니까?
이들은 어떤 여행을 하는 것
같습니까?

CHAPTER 2—선택

CHRISTMAS IN JULY—나귀와 구유

하지만 그들의 노력은 날이 저물도록 헛수고였습니다. 마구간과 여관이 동시에 빈 곳은 없었습니다. 설상가상으로 여자는 산기를 느끼기 시작합니다. 평탄해만 보였던 여행에 위기가 찾아왔습니다. 남자는 처음 알아두었던 여관으로 다시 가자며 여자를 설득해 봅니다.

지금까지 모든 것이 완벽해 보였던 여행에 흠이 생긴 것에 여자는 화가 납니다. 자신이 기대했던 모험은 이런 것이 아니라며 남자를 탓합니다. 남자 또한 갑작스럽게 변한 여자의 태도에 실망합니다. 체면이 구겨진 남자는 아무 말 없이 일행들을 두고 자리를 떠나버립니다.

나는 누구의 마음에 더 기울어져
있나요?

당신은 위기에 처했을 때 어떻게
반응합니까?

CHRISTMAS IN JULY—나귀와 구유

마구간 하나 때문에 완벽하게만 보였던 여행이 망쳐지게 된 것에 짐을 지고 길가에 서 있는 나귀는 어찌해야 할지 혼란스럽기만 합니다. 천덕꾸러기 신세가 된 나귀는 혼자서 어딘가를 향해 걷기 시작합니다. 이렇게 이들은 여자와 산파, 남자, 나귀로 나뉘어 서로 협력해야 하는 가장 중요한 때에 흩어지고 맙니다.

이들을 지켜보는 당신의 심정은
어떠한가요?

산파는 이 일에 전혀 개입하고
있지 않아 보입니다. 만일 당신이
현장에 있었다면 어떻게 합니까?

CHRISTMAS IN JULY—나귀와 구유

나귀와 구유

나귀의 마음은 등에 진 짐들만큼이나 무겁게 느껴집니다. 사실 나귀는 이 마을에 와 본 적이 있습니다. 예수님을 태우고 다닌 나귀라고 사람들로부터 많은 사랑을 받던 때의 일입니다. 이 마을 저 마을 사람들에 의해 끌려 다니던 중에 어느 텅 빈 마구간을 지나가게 되었는데, 그곳에는 동물들은 없고 구유만 남아있었습니다.

나귀의 눈에 그 구유는 보석처럼 빛났습니다. 나귀는 마구간의 구유가 어떻게 보석처럼 빛나는지 궁금하여 안으로 들어가 보았습니다. 하지만 가까이에서 본 구유는 밖에서 볼 때와는 달리 무척이나 외로워 보였습니다. 나귀는 그날로부터 구유에게 말동무가 되어주기로 결심하고 이 마을을 들를 때마다 구유를 찾아갔습니다.

나귀가 구유를 표현한 보석과
외로움은 무엇을 말해주는
것일까요?

나귀의 방문은 구유에게 어떤
순간입니까?

CHRISTMAS IN JULY—나귀와 구유

나귀와 구유, 그리고 예수

그러던 어느 날 나귀는 구유에게서 뜻밖의 이야기를 듣게 됩니다. 이 마구간에서 아기가 태어났다는 것과 포대기에 싸인 아기를 사람들이 구유에 눕히고 하느님께 경배하였는데, 그분이 바로 예수님이었다는 것입니다. 나귀는 놀라워하면서 자신이 바로 예수님을 태우고 다닌 나귀라며, 그 징표로 입고 있던 화려한 옷을 보여주었습니다.

이 구절을 읽는 당신의 즉각적인
반응은 무엇입니까?

CHRISTMAS IN JULY—나귀와 구유

예수님의 처음과 마지막을 함께했던 구유와 나귀가 만났습니다. 하지만 예수님을 만난 후 그들의 운명은 달랐습니다. 사람들의 주목을 받지 못하던 나귀가 화려하게 변신한 것과는 달리 구유가 있던 마구간은 군인들이 들이닥쳤고 이후 사람들이 더 이상 찾지 않는 곳이 되었습니다. 나귀는 구유가 왜 보석으로 빛났는지, 그리고 왜 그리도 외로워 보였는지 모든 것을 이해하게 되었습니다.

나귀는 더욱더 열심히 구유를 찾았고 그들은 어느새 둘도 없는 단짝 친구가 되었습니다. 구유와 나누는 대화는 나귀에게 어느 맛난 여물보다도 맛있는 음식이었습니다.

당신의 삶에서도 누군가와의
만남이 힘이 되고 마냥 신이 난 적이
있었나요?

예수님은 자신이 태어난 곳을 다시
찾았을까요?

구유와 나귀

하지만 깊어져 가던 구유와 나귀의 대화에는 한 가지 문제가 있었습니다. 둘은 똑같이 예수님 이야기를 하고 있었지만, 구유는 자기 품에 안겼던 예수님 이야기만 하고 나귀는 예수님을 태우고 다닌 자신의 이야기만 합니다.

나귀는 그저 구유가 좋아서 찾아갔지만, 구유는 예수님만을 찾았습니다. 구유는 처음부터 나귀가 입고 있는 옷이 못마땅하였습니다. 지금은 예수님을 태우고 다니지도 않으면서 나귀가 자신의 것도 아닌 옷을 입고 자랑한다고 생각했기 때문입니다.

나귀와 구유, 각자의 욕구는
무엇일까요?

CHAPTER 2—선택

CHRISTMAS IN JULY — 나귀와 구유

나귀는 마음에 큰 상처를 입었습니다. 나귀가 입고 있는 옷은 보잘것없는 자신을 가치 있게 만들어 준, 나귀에게는 전부나 다름없는 소중한 것입니다. 무엇보다 예전의 초라하고 인정받지 못하던 시절로 돌아가고 싶지 않았습니다.

나귀는 자신을 알아주지 않는 구유 때문에 화가나 더욱더 옷을 벗고 싶지 않아졌습니다. 두 사람의 대화는 어느새 예수님은 빠져버리고 자존심 싸움이 되고 말았습니다. 나귀는 혼자 예수님을 찾아 나서 보았지만, 예수님은 어디에도 없었습니다. 나귀는 어디서부터 예수님을 잃어버린 것일까요?

이 상황에 대해 떠오르는 단어들은
무엇인가요?

당신은 상대방이 나를 대하는 태도
때문에 잘못을 뉘우치거나
사과하는 것이 꺼려졌던 일이
있습니까?

CHAPTER 2—선택

CHRISTMAS IN JULY—나귀와 구유

나귀는 사실 처음부터 사람들에게 주목받기를 원했던 것은 아닙니다. 화려한 옷을 입고 예수님을 태우고 다니는 나귀에게 사람들이 **"네가 예수님을 태우고 다닌 나귀로구나!" "저 나귀가 예수님 태우고 다닌 나귀래요."** 하며 알아봐 주었습니다. 나귀도 그런 사람들의 시선이 좋았고 주인공이 된 기분이었습니다.

나귀는 이러한 자신의 사정을
구유에게 직접 이야기했을까요?
나귀의 속마음을 헤아려 봅시다.

그런데 칭찬은커녕 핀잔을 들은 나귀는 화려한 옷을 입고 있지 않을 때보다 더 초라하게 느껴졌습니다. **"예수님이 아닌 나도 좀 봐주면 안 되나?"** 상심한 나귀는 더 이상 구유를 찾아가지 않게 되었고 구유를 만나기 전의 삶으로 돌아가 사람들을 태우고 다녔습니다. 구유와 나귀는 똑같이 예수님을 그리워하고 있었지만, 그런 서로의 마음을 알지 못한 채 헤어지고 말았던 것입니다.

지금 나귀는 예수님이 아닌 무거운 짐을 지고 구유를 향해 가고 있습니다. 마구간 가까이 도착한 나귀는 짐들 속에 가려진 자기 옷을 봅니다. 이대로는 도저히 구유를 만날 자신이 없습니다. 나귀는 구유를 만나는 것이 두렵기만 합니다.

구유와의 갈등 상황에서 나귀는
왜 헤어지는 선택을 했을까요?

나귀가 더 이상 마구간을 찾지
않았을 때 구유의 심정이
궁금합니다.

여자와 산파, 남자와 나귀

진통을 시작한 여자는 모든 것을 함께 하기 위해 위험한 여행을 결정한 것이었는데, 남자 없이 혼자 아기를 낳을지 모른다는 생각에 불안과 두려움에 휩싸여 있습니다. 산파는 자신이 준비한 출산 준비물들을 가지고 사라져 버린 나귀 때문에 걱정합니다. 여자와 아기의 운명이 남자와 나귀에게 달렸습니다.

남자는 아직도 마구간을 찾아 헤매고 있습니다. 나귀는 구유가 있는 마구간 밖에서 들어가지 못하고 서성이고 있습니다.

남자와 나귀가 여자와 구유에게로
가는 결심을 하는 데는 무엇이
필요해 보입니까?

성부와 성자와 성령

하늘에서 성부, 성자, 성령께서 이들을 내려다보고 있습니다. 마리아와 요셉 이후 하늘나라 최대의 위기가 찾아왔습니다. 이러다간 성자가 세상으로 못 내려갈 판이니, 큰일이 났습니다. 그런데 세분은 이 광경을 보며 웃고 계십니다.

"저이들이 서로 사랑하고 있구나."

당신도 지금 웃고 있습니까?

CHAPTER 2 — 선택

CHRISTMAS IN JULY—나귀와구유

남자와 여자, 나귀와 산파

그때 바로 길을 걷던 남자와 나귀가 서로 마주칩니다. 혼자인 나귀를 본 남자는 나귀의 귀를 한대 내리칩니다. 그런데 그 순간 나귀 뒤로 빈 마구간이 보입니다. 남자가 드디어 마구간을 찾았습니다. 그는 달리기 시작합니다. 그제야 여자가 혼자 아기를 낳을 수 있다는 생각에 마음이 급해집니다.

남자는 여자에게 마구간을 찾았노라고 기쁜 소식을 전합니다. 산파에게는 마구간에서 아기를 받아본 적이 있냐고 묻습니다. 산파는 물론이라고 합니다. 여자는 여관도 마구간도 다 없어도 괜찮다고 합니다. 자신이 원한 것은 두 사람이 모든 것을 함께 하는 것이라며 남자가 다시 돌아오기만을 기다렸다고 합니다. 남자는 모두가 함께하는 마구간 행을 선택합니다. 이들의 모험은 이제부터 시작입니다.

남자와 나귀가 길에서 마주친 것은
우연일까요? 나귀가 뺨을 맞은 것은
무엇 때문이라 생각합니까?

서로의 바람이 다를 때 당신은
어떻게 조율하나요? 마지막 결정을
남자가 주도하는 모습은
어떠합니까?

[Chapter 3]
사 랑

그들은 아기를 포대기에 싸서 구유에 뉘었다.

[루카 2,7]

남자와 여자, 나귀와 구유, 산파와 예수

흩어졌던 일행은 다시 함께 모여 구유가 있는 마구간으로 향합니다. 나귀가 그들의 길을 안내합니다. 남자와 여자는 짧은 시간이지만 서로가 흩어졌을 때 얼마나 불안하고 막막했던가를 이야기합니다. 그리고 그들의 관심은 다시 배 속의 아기에게로 모입니다. 무엇보다 그들은 앞으로 펼쳐질 자신들의 일에 대해 함께 간절히 기도합니다.

이 대목에서 가장 마음에 와닿는
부분은 무엇입니까?

배 속의 아기는 이 모든 것을 어떻게
받아들이고 있을까요?

CHAPTER 3—사랑

두 사람의 대화를 들으며 나귀는 또다시 구유를 생각합니다. 빠른 걸음으로 걷고 있는 나귀지만, 그의 마음은 아직도 구유를 만나는 것이 두렵기만 합니다. 그러는 사이 그의 발은 어느새 마구간 앞에 멈추었습니다. 나귀는 얼떨결에 일행들과 함께 마구간으로 들어갑니다.

산파는 차분히 짐들을 내려놓고 나귀의 등에서 옷을 벗겨 바닥에 깔고 여자를 눕힙니다. 이렇게 나귀의 등에서 화려한 옷이 벗겨졌습니다. 남자와 여자, 나귀와 구유가 지켜보는 가운데 산파의 손에서 아기가 태어납니다.

지금 마구간의 분위기는
어떠한가요?

이 장면의 주인공은 나귀입니까,
아기입니까?

CHAPTER 3 — 사랑

CHRISTMAS IN JULY—나귀와 구유

모두의 관심은 아기에게 쏠려 있지만, 벌거벗은 나귀는 그들이 자기를 바라보고 있는 것만 같습니다. 나귀는 조용히 마구간을 빠져나옵니다. 어디로 가야 할지 망설이다 어느 우물가에 멈추어 섭니다.

달빛이 나귀의 얼굴을 비춥니다. 우물에 비친 나귀는 작지도 초라하지도 않습니다. 나귀의 눈에 눈물이 고입니다. 떨어진 눈물에 얼굴이 지워졌다가 또다시 나타납니다. 나귀는 점점 자기 모습이 마음에 들기 시작합니다. 그리고 구유에게 보여주고 싶어집니다. 나귀는 구유를 향해 달립니다.

거울에 비친 내 모습을 마주해
봅시다. 당신은 그 모습을 가장 먼저
누구에게 보여주고 싶나요?

CHAPTER 3—사랑

CHRISTMAS IN JULY—나귀와구유

나귀가 마구간으로 다시 돌아왔을 때 포대기에 싸인 아기가 구유의 품에 안겨있습니다. 하지만 나귀의 눈은 아기를 안고 있는 구유를 향합니다. 구유 앞에 화려한 옷을 벗은 나귀가 서 있습니다.

화려한 옷을 벗은 나귀, 아기를 안고
있는 구유, 서로가 보지 못했던
새로운 모습을 보고 그들은
서로에게 어떤 감정이 들까요?

CHAPTER 3 — 사랑

CHRISTMAS IN JULY—나귀와구유

이때 남자와 여자가 처음으로 나귀에게 말을 건넵니다. 그들은 나귀에게 **"너는 이 세상 최고의 나귀다."** 라고 칭찬합니다. 나귀는 등에 아무것도 걸치지 않았습니다. 아기를 품에 안은 구유가 그 모습을 바라보고 있습니다.

나귀는 화려한 옷을 자랑하고 싶었던 마음도 구유에게 인정받고 싶었던 간절함도 모두 다 사라져 버립니다. 나귀가 진정으로 원했던 것은 구유의 행복이었습니다. 지금 아기를 안고 있는 구유의 모습은 더 이상 외롭지 않습니다. 화려한 옷을 벗은 나귀의 벌거벗은 모습을 바라보는 구유는 행복합니다.

나귀에게 칭찬은 무엇을
의미합니까?

CHAPTER 3 — 사랑

CHRISTMAS IN JULY—나귀와 구유

나귀와 예수

구유만을 응시하던 나귀의 시선이 구유의 품에 안겨있는 아기에게로 옮겨갑니다. 마주친 아기의 두 눈에서 예수님을 떠올립니다. 나귀는 예수님과 눈을 마주한 적이 없습니다. 그도 예수님을 보고 싶었지만 볼 수 없었습니다. 사람들을 향해 예수님을 태우고 앞만 보며 달렸기 때문입니다.

나귀는 생각합니다. 사람들에게 그리고 구유에게 얼마나 간절히 예수님을 보여주고 싶었던가를. 지금 나귀는 구유에 안긴 아기에게서 예수님의 얼굴을 마주합니다. 그분의 눈을 봅니다. 나귀는 잃었던 예수님을 다시 찾았습니다. 그 예수님이 지금 구유의 품에 안겨 나귀를 바라봅니다.

나귀는 어떻게 눈이 뜨여 예수님을
알아봅니까?

당신도 어느 순간 어떤 사람이,
오래전 어디선가 만났던
사람이라는 것을 깨닫게 되는
찰나의 순간이 있었습니까?

CHAPTER 3 — 사랑

나귀의 가슴에 예수님을 태우고 다닐 때 등에서 울리던 그분의 음성이 들립니다.

> "나는 처음 아무것도 걸치지 않은 네 모습을 보고 너를 선택하였다. 내 눈에 너는 그 모습 그대로 빛이 났었고, 사람들은 그런 너에게 옷을 입혔다. 그들은 나를 위해 너에게 옷을 입힌 것이다. 그러니 그 옷은 너의 옷이 아니라고 한 구유의 말이 맞는다. 사람들이 나를 알아보게 하려고 너에게 옷을 입혔지만, 네가 볼품없어서 그 옷을 입힌 게 아니라는 것을 알아다오. 나귀야, 너는 다른 사람들이 나를 바라본 대로 나를 보았다. 이제 너의 눈으로 나를 보아라."

나귀는 아기의 손을 만져봅니다. 기억 속 예수님의 온기가 되살아납니다. 예수님이 이렇게 구유의 품에서 부활했습니다.

예수님이 부활하신다면 당신은
그분께 무엇을 원하나요?

부활한 예수님이 주는 선물은
무엇입니까?

CHAPTER 3—사랑

이 아기는 자신을 태우고 다니느라 수고한 나귀에게 주는 예수님의 선물입니다. 그런데 나귀는 문득 구유에게 감사와 미안한 마음이 듭니다. 구유가 나귀에게 예수님을 안 태우고 왔다며 야단을 친 것이 자기를 위한 것임을 알았기 때문입니다. 구유의 나귀에 대한 관심은 세상 사람들과는 달랐습니다. 구유는 진심으로 나귀를 사랑하였습니다.

나귀와 구유는 자신들이 만났던 예수님을 서로에게 보여주고 싶었고, 예수님은 부활로써 그들의 기도에 응답하였습니다. 결국 구유와 나귀는 서로에게 예수님을 선물한 것이 되었습니다.

구유와 나귀의 진심은 무엇일까요?

CHAPTER 3—사랑

화려했던 예수님이 초라한 마구간에서 부활하신 것에 나귀는 갑자기 슬픈 마음이 듭니다. 하지만 예수님은 말씀하십니다. **"마구간은 너의 집이기도 하지만 내가 이곳에서 태어났으니, 이곳은 바로 내 집이기도 하다."**

나귀는 사람들을 태우고 다니며 열심히 예수님을 찾으려 했지만 찾지 못했습니다. 하지만 예수님은 다른 어느 곳도 아닌 바로 나귀의 집 마구간에 계셨습니다. 이 마구간을 처음 찾았을 때 보석처럼 빛났던 구유를 생각합니다. 그리고 구유와 함께 예수님에 관해 이야기할 때, 얼마나 따뜻한 안식처로 느껴졌는지를 되새겨봅니다. 예수님은 나귀의 집을 되찾아 주었습니다.

당신의 집은 어디입니까? 그곳이
예수님의 집이기도 합니까?

나귀와 구유의 이야기, 그 결말은
어떻게 될까요?

남자와 여자, 나귀와 구유

남자와 여자가 말없이 이들을 지켜보고 있습니다. 여자는 남자에게 말합니다. **"이제 아들 예수 때문에 잠시 접어두었던 우리의 삶을 시작해 볼까요?"** 남자와 여자는 바로 요셉과 마리아의 부활이었습니다. 마리아는 성령에 의한 예수님의 잉태로 말미암아 희생한 요셉을 위해 잃어버렸던 지난 시간을 선물해 주고 싶었습니다. 마리아는 예수님을 사랑한 만큼이나 요셉을 사랑하였습니다.

그들은 예수님을 낳을 때를 생각하고 모든 것을 완벽히 준비했지만, 그때와 똑같이 변수가 생긴 것에 당황했습니다. 결국 또다시 그들은 마구간에서 아기를 낳았습니다. 하지만 중요한 것은 이번에도 아기를 무사히 낳았다는 사실입니다. 나귀와 구유, 산파, 그리고 두 사람의 서로에 대한 믿음이 이 모든 것을 가능케 했습니다.

당신은 다시 태어난다면 어느
시점에서 다시 새로운 삶을
시작하고 싶은가요? 그 시점에서
부활할 준비가 되었습니까?

예수님이 제자들에게 길을 나설 때
아무것도 지니지 말라고 한 것은
무슨 의미일까요?

CHAPTER 3 — 사랑

CHRISTMAS IN JULY — 나귀와 구유

두 사람은 아기를 남겨둔 채 자신들의 못다 한 또 다른 모험을 위해 경선지로 향합니다. 그런데 남자와 여자는 길을 떠나며 나귀와 구유에게 이렇게 이야기합니다. **"너희들이 요셉과 마리아가 되어라."** 나귀와 구유에게 새로운 이름이 주어집니다. 예수님과 새로운 관계의 시작입니다.

나귀와 구유는 자신들에게 주어진 임무에 충실한 하느님의 종들이었습니다. 하지만 그들의 사랑에는 서로를 신뢰하는 믿음이 부족했습니다. 이제 예수님은 그들에게 '충실한 종'에서 '믿음의 종'이 되라고 하십니다.

당신도 이 제안을 받아들일 수
있겠습니까?

CHAPTER 3 — 사랑

믿음이 깨어질 때 서로에게 쏠렸던 시야를 예수님께로 돌리면 모든 것이 보입니다. 남자와 여자는 나귀와 구유에게 자신들의 사랑과 믿음으로 얻은 아기 예수를 선물로 내어줍니다. '충실한 종'의 열매는 '화려한 옷'이지만 '믿음의 종'의 열매는 '아기 예수'입니다. 믿음의 열매는 나귀와 구유에서 예수님을 양육하는 요셉과 마리아의 역할로 변모하게 합니다. 그들은 나귀와 구유의 임무를 충실히 해냈듯이 요셉과 마리아의 임무도 훌륭히 해낼 것입니다.

믿음이란 어떤 때에 필요합니까?

CHAPTER 3—사랑

나귀와 구유, 예수와 산파

아기는 이제 나귀와 구유의 손에 맡겨집니다. 구유와 나귀는 예수님의 처음과 마지막을 함께 하였을 뿐 예수님의 삶에 대해 잘 알지 못했습니다. 그들은 이 아기를 통해 자신들이 알지 못했던 예수님의 생애를 만나게 될 것입니다. 남자와 여자가 떠난 뒤 마구간에는 고요한 침묵만이 흐릅니다. 바닥에는 피범벅이 된 나귀의 옷이 잘 개켜져 있습니다. 구유의 가슴이 아파져 옵니다. 그러자 나귀는 말합니다.

"다 괜찮아요. 사랑이니까!"

이 모든 것을 말없이 지켜보고 있던 산파는 자신의 출산일지에 이렇게 기록합니다.

"나는 마리아와 요셉보다 더 서로를 사랑하는 이들을 보았네."

이 여정을 마무리하는 당신의
한마디는 무엇입니까?

이 책의 주인공은 누구입니까?

CHAPTER 3—사랑

아기 예수의 탄생은 요셉과 마리아의 사랑, 남자와 여자의 사랑, 나귀와 구유의 사랑으로 가능하였습니다. 사랑 때문에 예수님을 못 낳을 위기도 닥치지만, 다시 사랑 때문에 예수님을 낳을 수 있는 상황을 만들 수도 있습니다. 이렇게 우리들의 사랑 안에서 예수님이 태어났습니다. 우리가 모두 그렇게 태어났습니다.

This is The End of Their Story.

Epilogue

에필로그

에필로그

나귀와 구유는 부활한 예수님과 어떻게 살아갈까요? 나귀는 밖으로 나가 배고픈 나귀들을 마구간으로 데려오고 구유는 그들을 배불리 먹여 보냅니다. 가끔 나귀는 만삭의 마리아들을 태우고 오기도 합니다. 구유는 자신의 자리를 깨끗이 비워 아기를 눕힐 공간을 마련해줍니다. 아기 예수님도 그들과 함께 무럭무럭 자랍니다.

머지않아, 나귀는 배고픈 나귀들을 데리러 나가지 않아도, 출산할 곳이 없는 마리아들을 찾아 나서지 않아도 됩니다. 그들의 마구간은 소문이 나서 나귀들과 마리아들이 먼 곳으로부터 찾아옵니다. 나귀와 구유는 이제 서로 떨어져 있지 않아도 됩니다. 어엿한 마구간의 주인이 되어 손님들을 맞이합니다. 그리고 사람들의 발길이 뜸해질 때면 나귀는 사람들에게 줄 화려한 선물을 등에 지고 밖으로 나갑니다. 그 선물은 바로 예수님입니다. 'Christmas in July' 우리의 마음에서 잊힌 예수님을 태우고 나귀가 당신 곁으로 갑니다.

사랑으로 화해하고 양보하고 협력하여 아기의 탄생을 이루어 낸 요셉과 마리아, 남자와 여자, 나귀와 구유, 그들 한가운데 예수님이 있으십니다. 아기의 얼굴은 우리가 모든 것을 잊고 마냥 기뻐하며 웃게 합니다.

나가며

어느 해 여름, 미국 뉴욕을 방문하던 중 한 성당에서 때 이른 크리스마스 장식을 보았다. 그 옆에는 'Christmas in July'라는 안내문이 적혀 있었다. 성탄 시즌인 12월에는 구호품들이 넘쳐나지만, 한여름에는 노숙자와 가난한 이들에게 줄 생필품들이 모자라 이를 홍보하기 위한 것이었다. 이 경험은 평범한 일상 속 성탄에 대한 영감을 주었고 'Christmas in July'는 책의 제목이 되었다.

'성탄'은 천사가 마리아를 찾아가고, 성자가 세상에 내려와 인간과 만난다는 측면에서 '방문'이라는 단어와 연결된다. 천사의 방문으로 평범했던 소녀의 삶이 바뀐 것처럼, 나귀와 구유에게도 예수님께서 찾아가심으로 누추했던 집 마구간은 가장 성스러운 곳이 되었다.

책을 통해 각자의 삶에서 천사의 방문을 떠올려 보고, 일상의 생활 터전에서 아기 예수의 탄생을 목격한 것과 같은 기억을 되찾기를 바란다. 만일 기억 속 그 사건들이 현재 독자들의 삶에서 꺼지지 않는 빛으로 살아 있다면 분명 그 빛은 영원한 생명의 표징일 것이다.

이 책은 '부활'의 이야기이기도 하다. 나귀가 구유에 안긴 아기의 눈에서 예수님을 보았듯이, 내 안에서 그리고 내가 사랑하고 미워하는 사람들에게서 부활한 예수님을 만나보자. 부활한 예수님과는 용서 못 할 일도 사랑하지 못할 이유도 없다.

관계의 시작은 '관심'에서 비롯된다. 나귀와 구유가 예수님을 보고 어떤 분이기에 이렇게 환호와 공경을 받는지 궁금해하고, 그들이 서로 처음 만났을 때 구유가 어떻게 보석으로 빛나며 나귀가 왜 화려한 옷을 입고 있는지 질문을 던질 때 예수님은 기꺼이 동행하며 설명해 주신다.

책에서 요셉과 마리아의 부활은 작가가 두 성인에게 주는 선물이다. 결혼 전 마리아가 성령으로 예수님을 잉태하면서 두 사람의 운명은 바뀌었고 자신들의 미래를 온전히 하느님께 봉헌해야 하는 삶을 살았다. 그들은 그리스도의 부모로서 모범적 신앙의 상징이지만, 평범한 남자와 여자로서의 삶에 공감하고자 하였다.

마지막으로, 내 안에서 그리고 내가 만난 사람들 가운데서 부활하여 자신을 드러내시고 당신의 온 마음과 목숨과 정신을 다하여 사랑을 알려주신 인격의 그리스도 예수님께 이 책을 바친다.

이들 이야기의 끝은 당신 이야기의 시작입니다.

당신은 누구와 함께 어떤 목적으로 어디를 향해
성탄의 여정을 떠나시겠습니까?
책의 첫 장면으로 돌아가 서 있는 당신을 대면해 봅시다.

D... W.... M. B...

Christmas in July—나귀와 구유

초판 1쇄 발행 2023년 9월 15일
서울대교구 인가 2022년 10월 31일

지은이 — 에스오에스(SongOfSongs)
펴낸이 — 임섀넌(Shannon Lim)
펴낸곳 — 헤븐온어스(HeavenOnEarth)
[등록번호] 제2022-000043호
[문의] 2022heavenonearth@gmail.com

ISBN 979-11-979597-0-7 (03800)

copyright © 에스오에스(SongOfSongs), 2023

이 책에 인용한 성경 구절은 2005년에 발행한
한국 천주교회 공용 번역본을 사용했습니다.

이 책은 저작권법에 의해 보호받으며,
저작권자와 [헤븐온어스]의 서면 허락 없이 무단 복제 및 배포,
임의 사용을 금합니다.

HeavenOnEarth
언제나 깨끗한 마음으로 정성을 다하여